About Fish

Sobre los peces

For the One who created fish.
—*Genesis* 1:1

Para Aquel que creó a los peces.
—*Génesis* 1:1

Published by
PEACHTREE PUBLISHERS
1700 Chattahoochee Avenue
Atlanta, Georgia 30318-2112
www.peachtree-online.com

Text © 2002, 2017 by Cathryn P. Sill
Illustrations © 2002, 2017 by John C. Sill
Spanish translation © 2017 by Peachtree Publishers

First bilingual edition published in hardcover and trade paperback in 2017

Also available in an English-language edition
ISBN 978-1-56145-987-2 (hardcover)
ISBN 978-1-56145-988-9 (paperback)

The publisher thanks Ross Robertson for his guidance with the Spanish fish names.

Edited by Vicky Holifield
Spanish translation: Cristina de la Torre
Spanish-language copy editor: Cecilia Molinari
Spanish-language proofreader: Hercilia Mendizabal

Illustrations painted in watercolor on archival quality 100% rag watercolor paper
Text and titles typeset in Novarese from Adobe Systems

Printed in July 2017 by Imago in China
10 9 8 7 6 5 4 3 2 1 (bilingual hardcover)
10 9 8 7 6 5 4 3 2   (bilingual paperback)

Library of Congress Cataloging-in-Publication Data

Names: Sill, Cathryn P., 1953- | Sill, John, illustrator. | De la Torre,
    Cristina, translator.
Title: About fish : a guide for children = sobre los peces : una guía para
    niños / Cathryn Sill ; illustrated by John Sill = Ilustraciones de John
    Sill ; translated by Cristina de la Torre = traducción de Cristina de la
    Torre.
Other titles: Sobre los peces
Description: Atlanta : Peachtree Publishers, 2017. | Audience: Age 3-7.
    Audience: K to grade 3.
Identifiers: LCCN 2016047533
    ISBN 9781682630082 (hardcover) / ISBN 9781561459896 (trade paperback)
Subjects: LCSH: Fishes—Juvenile literature.
Classification: LCC QL617.2 .S56 2017 | DDC 597—dc23
LC record available at *https://lccn.loc.gov/2016047533*

About Fish
Sobre los peces

A Guide for Children / Una guía para niños

Cathryn Sill

Illustrated by / *Ilustraciones de* John Sill

Translated by / *Traducción de* Cristina de la Torre

PEACHTREE

ATLANTA

Fish live in water all over the world.

Los peces viven en el agua en todas partes del mundo.

PLATE 1 / LÁMINA 1
Brown Trout / *trucha marrón*

They may be found in nearly freezing water…

Se pueden encontrar en aguas casi heladas…

PLATE 2 / LÁMINA 2
Arctic Char / trucha ártica

or in warm tropical water.

o en cálidas aguas tropicales.

Fish can breathe underwater because they have gills.

Los peces pueden respirar bajo el agua porque tienen branquias.

PLATE 4 / LÁMINA 4
Bluegill / *mojarra oreja azul*

Fins help them swim.

Las aletas los ayudan a nadar.

PLATE 5 / LÁMINA 5
Rainbow Darter /
Etheostoma caeruleum (nombre científico)

Most fish eat meat.

La mayoría de los peces come carne.

PLATE 6 / LÁMINA 6
Largemouth Bass / lobina negra

Fish are different shapes and sizes.

Los peces tienen distintas formas y tamaños.

b.

d.

They protect themselves in many ways.

Tienen diversos modos de protegerse.

PLATE 8 / LÁMINA 8
Spot-fin Porcupinefish / *pez erizo pecoso*

Most have tough skin covered by scales.

La mayoría tiene la piel dura y cubierta
de escamas.

The skin of a fish is slippery.

La piel de un pez es resbalosa.

PLATE 10 / LÁMINA 10
Chinook Salmon / *salmón chinook*

Fish may be colored to look like their surroundings…

Los peces pueden tener los mismos colores que
su entorno…

or marked in other ways that fool their enemies.

u otras marcas que confunden a sus enemigos.

Plate 12 / LÁMINA 12
Foureye Butterflyfish / *mariposa ocelada*

Many fish live together in groups called schools.

Muchos peces viven juntos en grupos llamados bancos.

PLATE 13 / LÁMINA 13
Lookdown / jorobado de penacho

A few kinds of fish defend themselves with venomous spines.

Algunos tipos de peces se defienden con espinas venenosas.

PLATE 14 / LÁMINA 14
Stonefish / pez piedra

Some baby fish are born alive. Other baby fish hatch from eggs laid by the mother.

Algunos pececitos nacen vivos. Otros salen de huevos que han puesto las madres.

PLATE 15 / LÁMINA 15
Lined Seahorse / *caballito de mar estriado*
Threespine Stickleback / *espinocho de tres espinas*

Fish keep growing as long as they live.

Los peces siguen creciendo toda su vida.

PLATE 16 / LÁMINA 16
Whale Shark / tiburón ballena

Fish provide food, jobs, and recreation for
many people.

Los peces sirven de alimento, oficio y recreación
para mucha gente.

PLATE 17 / LÁMINA 17
Recreational Fishing / pesca recreativa
(Also shown: Belted Kingfisher) / (También en
la ilustración: martín gigante norteamericano

It is important to protect fish and the places where they live.

Es importante proteger a los peces y los lugares donde viven.

PLATE 18 / LÁMINA 18
Yellowfin Tuna / atún de aleta amarilla

Afterword / Epílogo

PLATE 1

Scientists estimate that there are over 30,000 different species of fish. They live in almost all fresh and salt waters in the world. Most fish live in a specific habitat, and only a few species move between oceans and rivers. Brown Trout are native to rivers and streams of Europe, northern Africa, and western Asia. They were introduced to North America in 1883.

LÁMINA 1

Los científicos calculan que hay más de treinta mil especies distintas de peces que habitan casi todas las aguas saladas y dulces del mundo. La mayoría de los peces vive en un hábitat específico, y muy pocos son capaces de moverse entre los ríos y el mar. Las truchas marrones son oriundas de los ríos y arroyos de Europa, el norte de África y el oeste de Asia. Fueron introducidas en América del Norte en 1883.

PLATE 2

Fish are able to survive in freezing water by staying underneath the ice. There they become less active and do not need as much food. The colder waters of the world have fewer species of fish than tropical or temperate waters. Arctic Char live in cold fresh and salt waters of the Arctic. Those that live in the ocean migrate to freshwater lakes and rivers to lay their eggs. They live the farthest north of any freshwater fish.

LÁMINA 2

Cuando las aguas se congelan los peces logran sobrevivir manteniéndose debajo del hielo. Allí se vuelven menos activos y no necesitan tanto alimento. Las aguas más frías del planeta contienen menos especies de peces que las tropicales o templadas. La trucha ártica vive en las aguas frías del Ártico, tanto las dulces como las saladas. Las que viven en el mar migran a ríos y lagos de agua dulce para poner sus huevos. Es la especie que más al norte habita de todas las de agua dulce.

PLATE 3

Fish that live in tropical waters are generally more brightly colored than those found in cooler waters. Brilliant colors and bold patterns help them blend in with the light and shadows of their environment. The vivid blues and yellows of the Queen Angelfish are hard for predators to see against colorful coral reefs. They live in warm parts of the western Atlantic Ocean.

LÁMINA 3

Los peces que viven en aguas tropicales generalmente tienen colores más brillantes que los de aguas más frías. Los colores vivos y las marcas fuertes les permiten mezclarse entre las luces y las sombras del entorno. Así los intensos azules y amarillos del pez ángel reina son difíciles de distinguir por los predadores contra los coloridos arrecifes de coral. Habitan las zonas templadas del Océano Atlántico occidental.

PLATE 4

Like all animals, fish need to breathe oxygen. They have gills for breathing instead of lungs. Fish gulp water through their mouths. As the water flows over their gills, the oxygen is removed. The water then goes out through openings on the sides of their heads. Many fish have a bony flap that covers and protects their gills. Bluegills get their name from the blue tab on their gill flaps. They are common in lakes, ponds, and streams in North America.

LÁMINA 4

Al igual que todos los animales, los peces necesitan respirar oxígeno. Respiran por sus branquias en lugar de por sus pulmones. Los peces tragan agua por la boca y, cuando pasa por las branquias, estas separan el oxígeno. Entonces, el agua sale por los agujeros de los lados de la cabeza. Muchos peces tienen un colgajo de hueso que cubre y protege las branquias. El nombre de las mojarras oreja azul les viene del color de este colgajo protector. Son comunes en lagos, lagunas y arroyos de América del Norte.

PLATE 5

Fins help fish move through the water. They use them to steer, balance, and stop. Darters are small fish that move by using their fins to "dart about." Rainbow Darters live in small, clean streams and rivers in North America. They are easily harmed by pollution. Mud, and silt in the water can smother their eggs and cover their food supplies.

LÁMINA 5

Las aletas ayudan a los peces a moverse a través del agua. Les sirven para guiarse, balancearse y detenerse. Los darter *(Etheostoma caerulum)* son peces pequeños que utilizan las aletas para moverse rápidamente. Los rainbow darter habitan las aguas límpidas de arroyos y pequeños ríos de América del Norte. La contaminación los afecta mucho. El fango y los sedimentos en las aguas a veces sepultan sus huevos y cubren sus alimentos.

PLATE 6

Many fish eat other fish. They also eat worms, insects, shellfish, and other water animals. A few eat water plants. Largemouth Bass eat other fish, crayfish, insects, frogs, and even baby ducks and small mammals. They are a popular freshwater game fish in North America.

LÁMINA 6

Muchos peces se alimentan de otros peces. También comen gusanos, insectos, moluscos y otros animales acuáticos. Algunos comen plantas acuáticas. La lobina negra se alimenta de otros peces, cangrejos de río, insectos, ranas y hasta de patitos y mamíferos pequeños. Es una pesca muy popular en las aguas dulces de América del Norte.

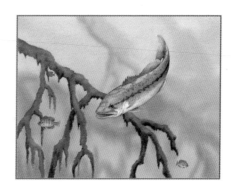

PLATE 7

Fish are shaped for where they live and what they eat. Flat fish such as Bluespotted Ribbontail Rays have mouths on the underside of their bodies so they can scoop up food from the ocean floor. Powder Blue Tangs and other reef fish have thin bodies so they can make sharp turns in coral reefs. White Sturgeon, the largest freshwater fish in North America, grow up to 20 feet (6 meters) long. Neon Tetras are around 1½ inches (4 centimeters) long.

LÁMINA 7

La forma de los peces la determinan donde viven y lo que comen. Los peces planos, tal como la raya de arrecife, tienen la boca en la parte de abajo del cuerpo de modo que puedan alcanzar los alimentos que se encuentran en el fondo del mar. Los peces que viven en arrecifes, como el cirujano azul cielo, tienen el cuerpo estrecho para poder girar con facilidad entre los arrecifes. El esturión blanco, el pez más grande de todos los de aguas dulces en América del Norte, puede alcanzar 20 pies (6 metros) de largo. Los tetras neon miden alrededor de 1½ pulgadas (4 centímetros) de largo.

PLATE 8

Since all but the largest fish are in danger of being eaten by predators, they need ways of protecting themselves. Porcupinefish swallow water or air and inflate like a balloon. The raised spines and puffed-up body make a prickly mouthful that is hard for other fish and animals to swallow. Spot-fin Porcupinefish live in the Pacific and Atlantic Oceans.

LÁMINA 8

Todos los peces, menos los más grandes, necesitan modos de protegerse ya que están en peligro de que se los coman los predadores. Los peces erizo pecoso tragan agua y se inflan como globos. Las espinas pinchan la boca de sus enemigos y el cuerpo inflado los hace difíciles de tragar. Habitan en los océanos Pacífico y Atlántico.

PLATE 9

Scales help protect the skin of fish from injury. Some species of fish have scales that are smooth and flat. Others have scales that are rough like tiny teeth. A few kinds of fish do not have scales. The heavy, diamond-shaped scales of Longnose Gar offer protection from most predators. Gars live in lakes, slow-moving streams, and estuaries in eastern United Statess.

LÁMINA 9

Las escamas ayudan a proteger la piel de los peces de heridas. Las escamas de algunas especies son lisas y planas. Otras tienes escamas duras como pequeños dientes. Hay algunos peces que no tienen escamas. Las escamas del catán ajuga, densas y en forma de diamante, lo protegen de casi todos los predadores. Viven en lagos, arroyos lentos y estuarios del este de Estados Unidos.

PLATE 10

Special glands in the skin of fish produce a slimy substance that helps them move easily through the water. This mucus also protects fish from parasites and infections. Salmon migrate from the ocean to rivers to spawn or lay their eggs. The Chinook (or King) Salmon is the largest type of salmon. Chinooks can weigh up to 100 pounds (45.3 kilograms).

LÁMINA 10

Los peces tienen unas glándulas especiales en la piel que producen una sustancia pegajosa que los ayuda a moverse con facilidad por el agua y los protege de parásitos e infecciones. El salmón migra del océano a los ríos para reproducirse o poner sus huevos. El salmón chinook es el de mayor tamaño de todos, llegando a alcanzar las 100 libras (45,3 kilos).

PLATE 11

Flatfish—including halibut, flounder, and sole—swim on their sides along the ocean floor. They are not born flat. As flatfish grow, their bodies change shape and their eyes move to one side of their heads. They are camouflaged to match their habitat. Pacific Halibut are a valuable commercial fish that can grow to nearly 9 feet (2.7 meters) and weigh up to 800 pounds (363 kilograms). They live in the North Pacific Ocean.

LÁMINA 11

Los peces planos —como el halibut, la platija y el lenguado— nadan de costado por el fondo del mar. No nacen planos. A medida que crecen, sus cuerpos cambian de forma y sus ojos pasan a estar a un lado de sus cabezas. Tienen camuflaje adecuado a su hábitat. Los alabatos del Pacífico son peces de gran valor comercial que pueden alcanzar los 9 pies (2,7 metros) de largo y pesar hasta 800 libras (363 kilos). Viven en las aguas del norte del Océano Pacífico.

PLATE 12

Some fish have patterns on their bodies that are confusing to predators and prey. The black eyespot on the rear of the Foureye Butterflyfish and the black stripe through its eye make it hard to tell if the fish is coming or going. Foureye Butterflyfish live in the western Atlantic Ocean from the United States to northern South America.

LÁMINA 12

Algunos peces tienen marcas en el cuerpo que confunden a los predadores y a sus presas. La marca de ojo de color negro en la parte trasera del pez mariposa ocelada, así como la raya negra que le cruza el ojo, dificulta distinguir si va o viene. El pez mariposa ocelada vive en las zonas occidentales del Océano Atlántico desde Estados Unidos al norte de América del Sur.

PLATE 13

Fish travel in schools to take advantage of "safety in numbers." It can be hard for a predator to pick out a single fish when a group is swimming together in the same direction. Schooling may also make it easier for the fish to find food and mates. Lookdowns are hard to see head-on because their bodies are very thin and flat. They live in the western Atlantic Ocean along the coasts of North and South America.

LÁMINA 13

Los peces viajan en bancos para aprovechar la seguridad que ofrece una multitud. A un predador le resulta difícil escoger un solo pez cuando todos nadan en grupo en la misma dirección. Los bancos también facilitan encontrar alimentos y parejas. Los jorobados de penacho son difíciles de distinguir de frente porque sus cuerpos son estrechos y planos. Viven en las zonas occidentales del Océano Atlántico a lo largo de las costas de América del Norte y del Sur.

PLATE 14

Venomous animals inject toxin (a poisonous substance) into other animals. When threatened, Stonefish use needlelike spines located on their backs to sting enemies. Stonefish are thought to be the most venomous fish in the world. They live in tropical waters of the Indian and Pacific Oceans.

LÁMINA 14

Los animales venenosos les inyectan toxinas (sustancias venenosas) a otros animales. Cuando se sienten amenazados, los peces piedra usan las espinas que tienen en la espalda como agujas para pinchar a sus enemigos. Estos peces son considerados los más venenosos del planeta. Viven en las aguas tropicales de los Océanos Índico y Pacífico.

PLATE 15

Some fish carry eggs inside their bodies until the babies are ready to be born. A female seahorse lays her eggs in a special pouch on the male's belly. He keeps the eggs in this brood pouch until they hatch and pop out. The male Threespine Stickleback makes a nest from vegetation, where the female lays her eggs. He guards the eggs until they hatch and stays with the young until they can take care of themselves. Not all fish guard their eggs and young. Lined Seahorses live in the western Atlantic Ocean. Threespine Sticklebacks live in North America, Europe, and parts of Asia in salt water and freshwater.

LÁMINA 15

Algunos peces llevan los huevos dentro del cuerpo hasta que las crías están listas para nacer. La hembra de los caballitos de mar pone sus huevos en un saco especial que tienen los machos en el vientre. El macho los mantiene allí hasta que las crías nacen. El espinocho macho hace un nido con vegetación donde la hembra pone sus huevos. El macho los cuida hasta que nacen y se queda con las crías hasta que son capaces de cuidarse por sí solas. No todos los peces hacen esto. Los caballitos de mar estriado viven en zonas occidentales del Océano Atlántico. Los espinochos de tres espinas viven en América del Norte, Europa y partes de Asia en aguas tanto dulces como saladas.

PLATE 16

The scales of most fish grow as the animal gets older. It is sometimes possible to tell the age of a fish by counting the growth rings on its scales. Whale Sharks, the largest fish in the world, may grow to over 40 feet (12 meters) in length. They eat tiny shrimp and fish that they strain from the ocean water. Whale Sharks are harmless to people. They live in oceans all over the world.

LÁMINA 16

Las escamas de casi todos los peces siguen creciendo mientras el animal madura. Se puede determinar la edad de un pez contando los anillos de crecimiento en sus escamas. Los tiburones ballena, los peces más grandes del mundo, pueden llegar a medir más de 40 pies (12 metros) de largo. Se alimentan de camarones diminutos y peces que filtran del agua de mar. Los tiburones ballena son inofensivos a los humanos. Viven en los océanos de todo el mundo.

PLATE 17

Fish are an enormously important source of food for other animals as well as for people. Fishing done in a responsible way has little impact on the environment. Laws are needed to keep people from catching too many fish. Some fishing methods unintentionally kill other animals and fish. These accidents (called "bycatch") need to be prevented. Some fish populations have been reduced to dangerously low numbers because of overfishing.

LÁMINA 17

Los peces son una fuente de alimento sumamente importante para otros animales, así como también para los seres humanos. La pesca, si se hace de manera responsable, tiene poco impacto en el medio ambiente. Se necesitan leyes para evitar que la gente pesque demasiados peces. Algunos métodos de pesca matan a otros peces y animales sin querer. Es necesario prevenir estos accidentes (denominados "captura accidental"). Algunas especies de peces se han reducido a números peligrosamente bajos debido a la pesca excesiva.

PLATE 18

Pollution from many different sources harms fish in oceans, rivers, and lakes. Dangerous chemicals from industry and agriculture, silt caused by erosion, and garbage dumped by people cause problems for fish all over the world. We need to protect fish by keeping our waterways clean. Yellowfin Tuna are a valuable food fish and prized game fish. Scientists are concerned that their numbers are declining because of overfishing. Yellowfin Tuna are found in tropical waters of oceans around the world.

LÁMINA 18

Hay muchas causas diferentes de contaminación que hacen daño a los peces en océanos, ríos y lagos. Los peligrosos productos químicos derivados de la industria y la agricultura, el sedimento resultado de la erosión y las basuras botadas por los seres humanos en el agua presentan problemas para los peces alrededor del mundo. Debemos mantener las aguas limpias para protegerlos. El atún de aleta amarilla es un pez muy valorado como alimento así como también por lo deportiva de su pesca. A los científicos les preocupa el descenso de sus números debido a la sobrepesca. Los atunes de aleta amarilla se encuentran en las aguas tropicales de todo el mundo.

GLOSSARY

Camouflage—colors or patterns on an animal that help it hide
Game fish—fish caught for recreation or sport
Habitat—the place where animals and plants live and grow
Parasite—an animal or plant that lives on or inside another animal or plant
Predator—an animal that lives by hunting and eating other animals
Prey—an animal that is hunted and eaten by a predator
Species—a group of animals or plants that are alike in many ways
Temperate—not very hot and not very cold
Tropical—the area near the equator that is hot year-round

GLOSARIO

camuflaje: colores o marcas de un animal que lo ayudan a esconderse
especie: grupo de animales o plantas que se parecen en muchos aspectos
hábitat: lugar donde viven y crecen los animales y las plantas
parásito: animal o planta que vive encima o dentro de otro animal o planta
pesca deportiva: peces atrapados por razones de recreación o deporte
predador: animal que se alimenta cazando y comiendo otros animales
presa: animal cazado y devorado por un predador
templado: ni muy frío ni muy caliente
tropical: la zona cerca del ecuador donde hace calor todo el año

SUGGESTIONS FOR FURTHER READING

BOOKS

EYEWITNESS BOOKS: FISH by Steve Parker (DK Publishing)
A PLACE FOR FISH by Melissa Stewart (Peachtree Publishers)
ANIMAL CLASSIFICATIONS: FISH by Angela Royston (Heinemann Raintree)
FISH FACTS by Geoff Swinney (Pelican Publishing Company)

WEBSITES

Fish FAQ
www.nefsc.noaa.gov/faq

Ducksters
www.ducksters.com/animals/fish.php

Wildscreen Archive
www.arkive.org/fish

ABOUT... SERIES

978-1-56145-234-7 HC
978-1-56145-312-2 PB

978-1-56145-038-1 HC
978-1-56145-364-1 PB

978-1-56145-688-8 HC
978-1-56145-699-4 PB

978-1-56145-301-6 HC
978-1-56145-405-1 PB

978-1-56145-987-2 HC
978-1-56145-988-9 PB

978-1-56145-588-1 HC
978-1-56145-837-0 PB

978-1-56145-881-3 HC
978-1-56145-882-0 PB

978-1-56145-757-1 HC
978-1-56145-758-8 PB

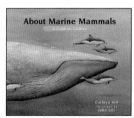
978-1-56145-906-3 HC

978-1-56145-358-0 HC
978-1-56145-407-5 PB

978-1-56145-331-3 HC
978-1-56145-406-8 PB

978-1-56145-795-3 HC

978-1-56145-743-4 HC
978-1-56145-741-0 PB

978-1-56145-536-2 HC
978-1-56145-811-0 PB

978-1-56145-907-0 HC
978-1-56145-908-7 PB

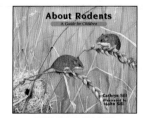
978-1-56145-454-9 HC
978-1-56145-914-8 PB

ALSO AVAILABLE IN BILINGUAL EDITION

• About Birds / Sobre los pájaros / 978-1-56145-783-0 PB • About Mammals / Sobre los mamíferos / 978-1-56145-800-4 PB
• About Insects / Sobre los insectos / 978-1-56145-883-7 PB • About Reptiles / Sobre los reptiles / 978-1-56145-909-4 PB

ABOUT HABITATS SERIES

Deserts
ISBN 978-1-56145-641-3 HC
ISBN 978-1-56145-636-9 PB

Forests
ISBN 978-1-56145-734-2 HC

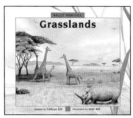
Grasslands
ISBN 978-1-56145-559-1 HC

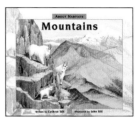
Mountains
ISBN 978-1-56145-469-3 HC
ISBN 978-1-56145-731-1 PB

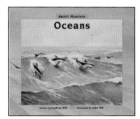
Oceans
ISBN 978-1-56145-618-5 HC
ISBN 978-1-56145-960-5 PB

Polar Regions
ISBN 978-1-56145-832-5 HC

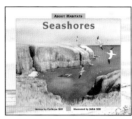
Seashores
ISBN 978-1-56145-968-1 HC

Wetlands
ISBN 978-1-56145-432-7 HC
ISBN 978-1-56145-689-5 PB

THE SILLS

CATHRYN AND JOHN SILL are the dynamic team who created the *About…* series as well as the *About Habitats* series. Their books have garnered praise from educators and have won a variety of awards, including Bank Street Best Books, CCBC Choices, NSTA/CBC Outstanding Science Trade Books for Students K–12, Orbis Pictus Recommended, and *Science Books and Films* Best Books of the Year. Cathryn, a graduate of Western Carolina State University, taught early elementary school classes for thirty years. John holds a BS in wildlife biology from North Carolina State University. Combining his artistic skill and knowledge of wildlife, he has achieved an impressive reputation as a wildlife artist. The Sills live in Franklin, North Carolina.

CATHRYN Y JOHN SILL son el dúo dinámico que creó las series *Sobre…* y *Sobre hábitats*. Sus libros han merecido elogios de educadores y obtenido variedad de premios, incluyendo Bank Street Best Books, CCBC Choices, NSTA/CBC Outstanding Science Trade Books for Students K–12, Orbis Pictus Recommended y Science Books and Films Best Books of the Year. Cathryn, graduada de la Western Carolina State University, fue maestra de los primeros grados de la escuela primaria durante treinta años. John es licenciado en Biología de vida silvestre por la North Carolina State University. Combinando sus conocimientos de la vida silvestre con sus destrezas artísticas, John ha adquirido una destacada reputación como artista de vida silvestre. Los Sill viven en Franklin, Carolina del Norte.

Fred Eldredge, Creative Image Photography